AF375806

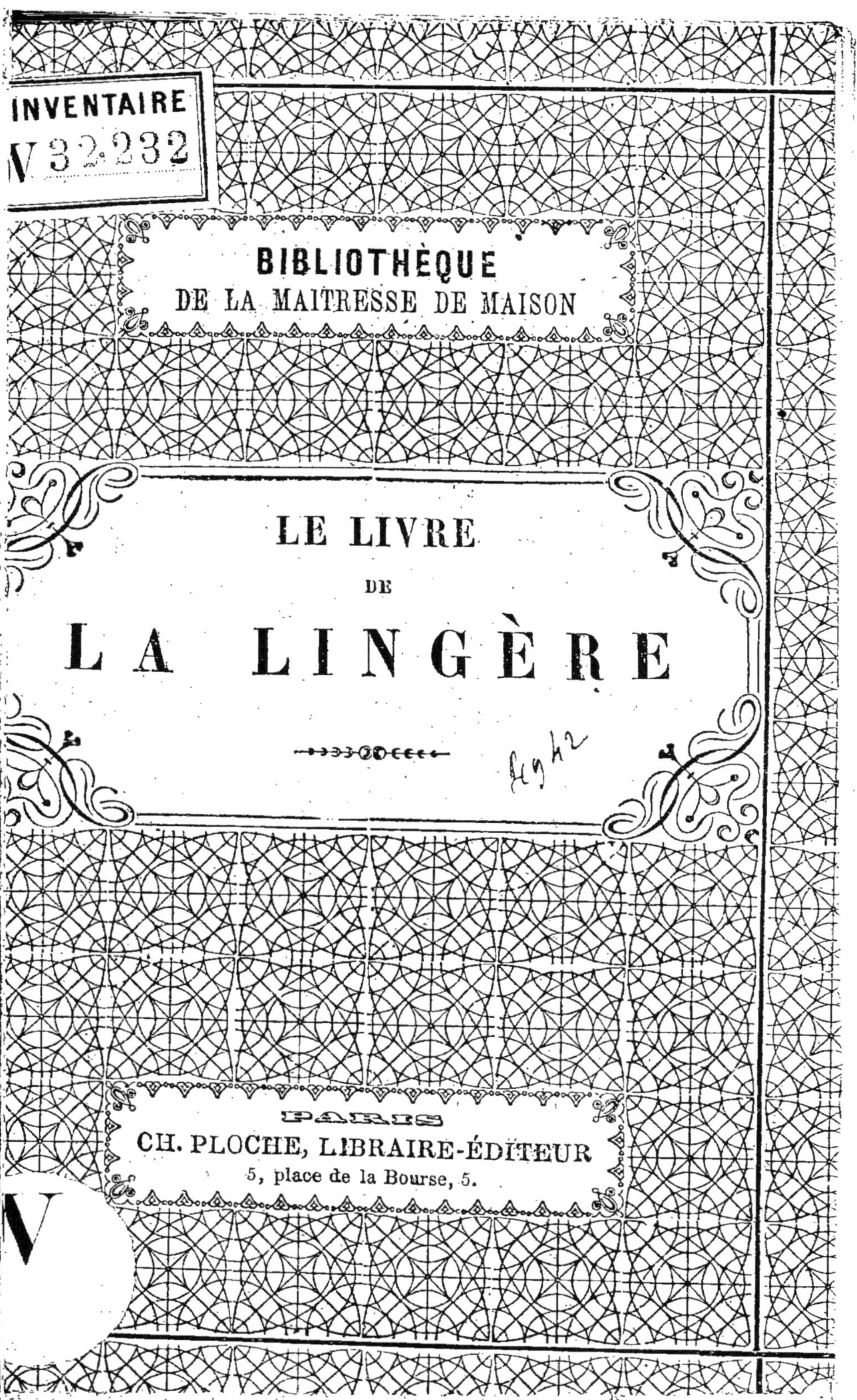

BIBLIOTHÈQUE
DE LA MAÎTRESSE DE MAISON

LE LIVRE
DE
LA LINGÈRE

PARIS
CH. PLOCHE, LIBRAIRE-ÉDITEUR
5, place de la Bourse, 5.

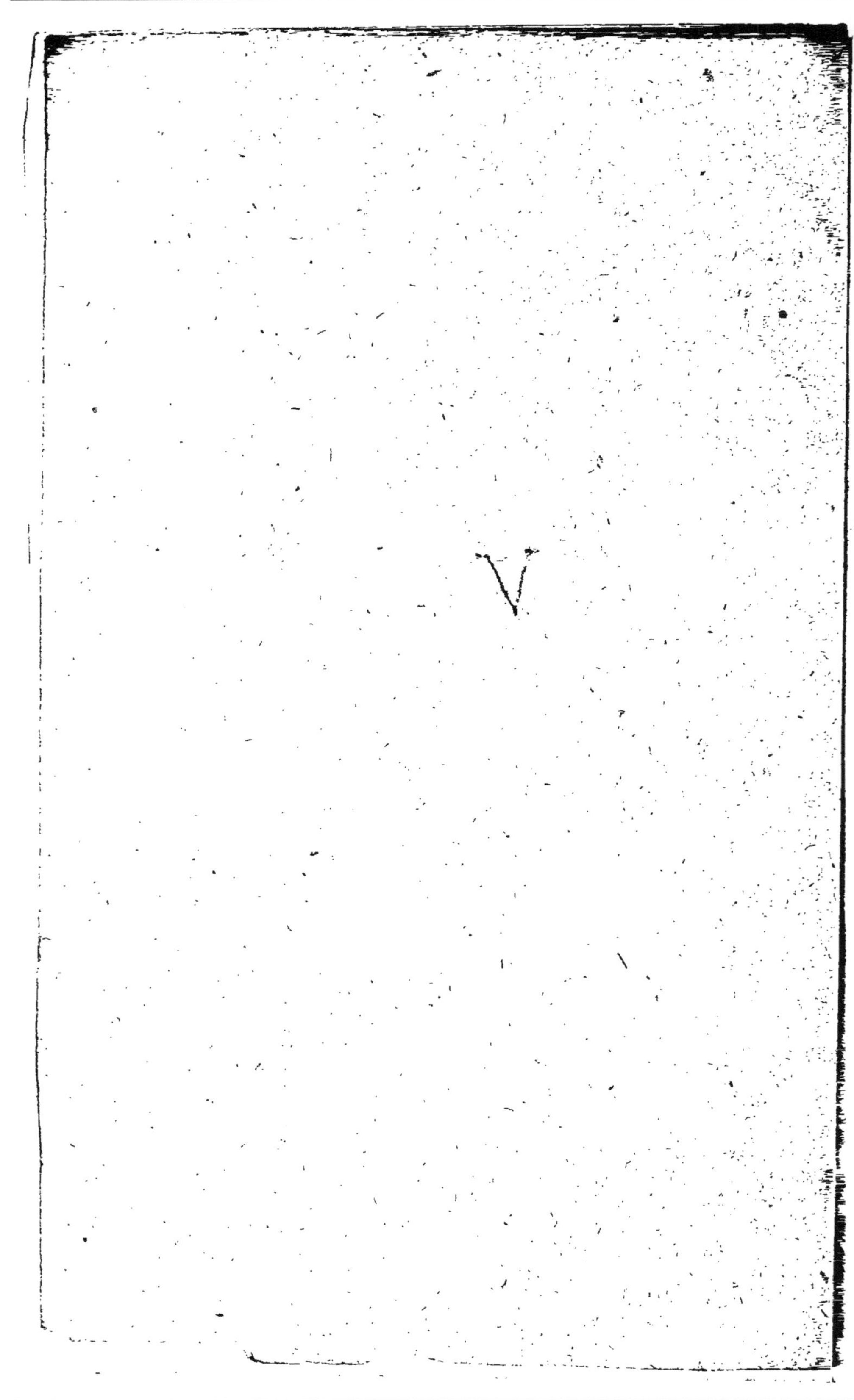

LE LIVRE

DE LA LINGÈRE

Paris. — Imprimerie Bonaventure et Ducessois,
55, quai des Grands-Augustins.

LE LIVRE

DE

LA LINGÈRE

PAR

Mme ROUGET DE L'ISLE.

PARIS

CH. PLOCHE, LIBRAIRE-ÉDITEUR

5, place de la Bourse.

1852

LE LIVRE
DE LA LINGÈRE

C'est la lingère qui est chargée du soin de couvrir l'enfant dès l'instant de sa naissance ; c'est elle qui taille, coud et confectionne tous les vêtements qui le vêtissent, tels que la chemise, la camisole, le bonnet, la bavette, etc. C'est elle qui taille et achève le linge qui couvre les tables sur lesquelles nous mangeons, les draps de lit dans lesquels nous couchons, le linge qui garnit les autels et les vêtements sacerdotaux, etc. Enfin, nous pouvons dire que la lingère confectionne beaucoup d'objets utiles que peu de gloire environne ; en un mot, elle exécute tout le linge qui nous est indispensable autant pour nous vêtir que pour nous assurer la propreté et la santé du corps.

Outils et Fournitures de Lingère.

Les seuls instruments et ustensiles de la lingerie sont : le mètre, divisé en cent centimètres, une paire de ciseaux, des aiguilles de diverses grosseurs, un dé, et, au besoin, un crayon de mine de plomb pour tracer les patrons, du fil plat et retors, du papier et du carton mince pour tracer et tailler les patrons.

Le mètre sert uniquement pour mesurer la quantité de toile qu'elle doit employer ou qu'elle juge nécessaire pour confectionner le vêtement qu'on lui demande.

Les ciseaux servent à tailler et couper la toile, en suivant les mesures et les contours déterminés à l'aide du mètre et du crayon.

L'aiguille est employée pour faire les coutures, et le dé, placé sur le doigt du milieu de la main droite, est destiné tout à la fois à pousser l'aiguille au travers du tissu et à rabattre ou aplatir les coutures faites.

Toiles.

Les toiles de lin, de chanvre, de coton, telles que la batiste, le jaconas, le madapolam, la percale, la mousseline, la tarlatane ou tarnatane, etc., sont employées le plus généralement à la confection des corps des vêtements. Les tulles, les dentelles et les rubans servent à faire les garnitures et autres ornements accessoires.

Comme les toiles varient beaucoup dans leur largeur et dans la qualité ou la force des fils, il faut les étudier et bien les connaître, afin de n'être pas trompé en les achetant. Ces toiles prennent des dénominations différentes suivant la manière dont elles sont fabriquées, le pays d'où elles viennent, et même le lieu où elles ont été blanchies et apprêtées,

Des points de couture en usage dans la Lingerie.—
De la Couture des Dentelles.
—De la Marque du Linge.

Les différents points sont :
Pl. 1, fig. 6.—*Le point noué* ou *de boutonnière*, qui empéche les bords d'une étoffe de s'effiler ;
Fig. 7.—*Le point de côté*, qui fixe les remplis des deux bords d'étoffe ;
Fig. 8, 8 A et 8 B.—*Le point-devant*, qui assemble à une petite distance des bords deux toiles posées à plat ;
Pl. 2.—*Le surjet* (fig. 5, 5 A, 5 B), qui assemble deux toiles par les bords ou *lisières ;*
La couture rabattue (fig. 9, 9 A, 9 B), qui assemble et fixe deux bords d'étoffe, principalement lorsqu'ils sont coupés ;
Le point de chaînette, qui est un point de broderie.
Voici la manière de faire les autres points :
Le point de surjet (fig. 5, 5 A, 5 B).—Après avoir fait un nœud au bout de l'aiguillée de fil, pour l'arréter sur la toile, on commence par plier les bords des deux toiles qu'on veut joindre ensemble : *ces plis ou remplis* sont utiles pour empécher les toiles de s'effiler. Toutefois, il n'est pas nécessaire de faire des remplis, lorsque l'on coud à point de surjet deux lisières ensemble.
Les remplis faits (toujours en dedans), quand cela est nécessaire, on passe l'aiguille au travers des deux toiles jusqu'au nœud qui l'arréte en *a*, fig. 5 ; le fil étant entièremeut sorti, on le passe

pardessus lesdits plis ; on le fait rentrer à côté du nœud et ressortir du côté opposé en *b*, et ainsi de suite jusqu'à l'entier achèvement de la couture. On fait ainsi tous les autres points en piquant l'aiguille toujours sur la même ligne, sur le même envers d'étoffe, en approchant du haut des bords le plus près que l'on peut. Comme les bouts des remplis pourraient s'effiler, on les rabat assez ordinairement et on les coud (voyez ci-dessous *couture rabattue*).

Point noué ou *de boutonnière* (fig. 6).—Il se fait autour de toute boutonnière, afin que la toile ne s'effile pas. On s'en sert encore pour empêcher que les bords d'une toile coupée ne s'effilent. Ce n'est pour ainsi dire qu'un point de surjet, à l'exception qu'avant de serrer chaque point, on passe le fil *b* au travers de l'anneau *a* qu'il forme naturellement en *piquant* l'aiguille pour terminer les points.

La boutonnière étant entourée de cette espèce de points, on ajoute à un ou à ses deux bouts une bride destinée à l'empêcher de s'agrandir ; cette bride se commence par trois ou quatre points longs, qu'on nomme *points coulés*, au bout de la bouton-nière en travers et très-rapprochés les uns des autres. On les fortifie en les prenant ensemble avec le même point noué ci-dessus, près à près, sans percer l'aiguille dans la toile.

Point de côté (fig. 7, pl. 1, et pl. 5, fig. 24).—Ce point sert à coudre les ourlets qui se font au bord des pièces ; pour former un ourlet *a* on plie le bord de la toile deux fois sur elle-même ; et, afin que ce double pli ne se rouvre pas, on le fronce ou plutôt on le rompt sur sa largeur en plis volants ou *zigzags* (fig. 5 B), qui l'aplatissent et donnent plus de facilité pour le coudre.

Pour coudre l'ourlet, on se sert du point de côté, fig. 7 et 24 ; après avoir arrêté le fil avec un nœud en dedans du double pli de l'ourlet, on pique l'aiguille immédiatement au-dessous de *l'ourlet* en *a ;* on la fait rentrer en dessous en traversant les trois toiles, et on la fait ressortir en *b*, un peu au-dessus du bord inférieur dudit ourlet, d'où on repique l'aiguille pour recommencer un autre point, et ainsi de suite.

Point-devant (fig. 8, 8 A, 8 B).—On le fait en piquant d'abord l'aiguille de dessus en dessous, fig. 22, pl. 3, et ensuite de dessous en dessus. On répète le point en avant sur la même ligne, à égale distance l'un de l'autre. Ce point sert spécialement à froncer et à bâtir les pièces de lingerie : c'est ce qu'on appelle faire une *couture légère*.

La figure 8 A représente les points-devant paraissant en dehors.

La fig. 8 B représente les sinuosités que fait le fil.

Arrière-point ou *point-arrière* (fig. 9, 9 A, 9 B).— Il se fait ainsi : après avoir arrêté le nœud entre les *deux toiles* et piqué l'aiguille en arrière au-delà du nœud, on la fait rentrer en avant à pareille distance dudit nœud ; de là on la repique en arrière au milieu du point que l'on vient de faire, et on la ressort, toujours en avant, à égale distance du point précédent.

La fig. 9 représente les points qui paraissent à l'endroit de la couture.

La fig. 9 A représente les mêmes points vus à

l'envers de la couture ; et la fig. 9 B indique les contours des fils *b*.

Pour que cette couture soit bien faite, il faut suivre le même fil de la toile et compter même un nombre égal de fils pour chaque point.

La couture rabattue se fait de plusieurs manières : elle se fait à surjet ou *à points-devant* mêlés d'*arrière-points ;* ces deux manières sont employées pour joindre deux pièces dont l'une et l'autre sont sans lisières, ou bien quand il n'y a qu'une lisière à l'une des deux pièces.

Les deux lisières se joignent l'une avec l'autre sans avoir besoin de couture rabattue, qui, comme nous l'avons dit ci-dessus, ne sert qu'à empêcher les toiles de s'effiler.

Voici la manière de faire la *couture rabattue à points de surjet.* Vous rempliez le bord de chaque toile à l'envers, c'est-à-dire vous rempliez l'une plus que l'autre de quelques millimètres , vous approchez les deux remplis , vous les surjetez à l'envers en piquant l'aiguille près du haut de chaque pli ; puis vous déployez les deux toiles , vous retournez les extrémités de chaque rempli , de manière que le plus grand couvre le plus petit ; vous les aplatissez et les arrêtez à point de côté.

Autre couture rabattue (fig. 23, pl. 3).—Vous réunissez les bords des deux toiles de manière que le bord de l'une *a* dépasse le bord de l'autre *b* de quelques millimètres ; puis vous les cousez un peu au-dessous du bord le plus petit à points-devant et arrière-points, successivement deux points-devant et deux arrière-points. Vous rabattez le bord le plus grand sur le bord le plus petit, et vous les arrêtez à points de côté.

Couture des dentelles.—Les dentelles se cousent, soit ensemble, soit avec les toiles, presque toujours à point de surjet ; mais il faut savoir où l'on doit piquer l'aiguille dans la dentelle.

Toutes les dentelles sont terminées dans le sens de leur longueur par deux espèces de petites lisières : l'une, qui est celle qu'on coud, se nomme *pied de la dentelle*; l'autre s'appelle la *tête*; et celle-ci est bordée par un rang de petits ronds qui se nomme le *picot*. Le pied de la dentelle, qui est à l'opposite de la tête, est terminé par une petite lisière simple, sous laquelle sont rangés de petits picots ou ronds ; sous ces ronds, du côté du corps de la dentelle, est une autre lisière, plus épaisse que la première : ces trois parties composent ce qu'on nomme le *pied*. Quand on veut coudre deux dentelles ensemble, on rapproche les deux pieds de ces dentelles l'un contre l'autre. On passe l'aiguille délicatement d'un pied à l'autre, en ayant soin, dans ce cas, lorsqu'il s'agira de coudre une dentelle sur une toile, de faire entrer l'aiguille au travers des petits ronds qui sont entre les deux lisières.

Mesure ou Coupe d'un vêtement
ou autre objet de Lingerie.

Les articles de lingerie sont très-nombreux, et par conséquent les mesures et les coupes sont très-variées. Toutefois la manière d'opérer est facile, et il suffit de l'indiquer ici pour que chacun puisse l'exécuter sans peine.

Nous ne parlerons cependant que des objets qui sont le plus en usage, qui se mesurent et se coupent invariablement de même, quels que soient les ornements que l'on y ajoute. Nous donnerons, d'abord, la mesure exacte et invariable du linge de toilette, de table, de cuisine et du linge d'église.

Serviettes de toilette.—Elles se font avec une toile de 80 ou 90 centimètres de largeur. Elles ont une longueur variable à volonté, de 110 à 120 centimètres. On les ourle par les deux bouts.

Tabliers de toilette.—On les fait en toile ou en mousseline pour les personnes riches, sur une longueur de 1 mètre environ. Pour faire la largeur de ces tabliers, l'on emploie ordinairement un seul lé de toile, de 90 ou 120 centimètres de largeur. Les deux lisières forment les côtés du tablier. L'on ourle tout le bas et l'on plisse tout le haut à grands plis de 2 centimètres environ, qu'on pose de moitié les uns sur les autres et qu'on rassemble à mesure avec des points-devant ou de surjet un peu écartés. L'on pose un ruban de fil ou de percale, de 2 ou 3 centimètres de largeur, sur le sommet des plis ; on coud d'abord une lisière en dehors, en arrière-point, ensuite on plie le ruban en deux parties, et l'on coud la seconde lisière à l'envers, à couture rabattue avec des points de côté.

Taies d'oreiller.—On prend de la toile de 80 centimètres de largeur, il en faut une longueur variable de 1 mètre 35 centimètres à 1 mètre 40 centimètres, qu'on plie en double. On coud deux côtés opposés à points de surjet et le troisième côté reste ouvert pour y faire entrer l'oreiller. On fait sur le côté ouvert un ourlet de 2 centimètres de hauteur,

sur lequel on attache des cordons; on y fait aussi,
sur une moitié d'un côté, des boutonnières à 4 ou
5 centimètres de distance, et on attache, sur l'autre
moitié, des boutons en regard. Les personnes aisées
et qui aiment le luxe garnissent le pourtour des
oreillers avec de la dentelle, du tissu indéplissable
festonné et brodé.

Draps de lit de maître.—Pour un lit de 1 mètre
16 centimètres (3 pieds et demi), ou de 1 mètre
33 centimètres (4 pieds) de largeur sur 2 mètres de
longueur, il faut une toile de 1 mètre 20 centimètres de largeur, sur laquelle on coupe deux lés de
4 mètres de longueur pour faire un drap, soit 16
mètres par paire de draps. On assemble deux lés
ensemble et on coud leurs lisières à points de surjet très-serrés.

Les draps de domestique se font avec deux lés de
toile de 80 centimètres de largeur et coupés sur
une longueur de 5 mètres, soit 12 mètres par paire
de draps.

Tablier de femme de chambre.—On le fait avec de
la percale d'une seule largeur, sur 1 mètre de hauteur; on prend en plus 20 centimètres pour en
faire les deux poches, dont les quatre côtés sont
ourlés. Le bas ou fond de la poche et les deux côtés
sont assemblés et cousus sur le plat de l'étoffe, à
points de surjet; le haut est ourlé et reste ouvert,
quelquefois on passe un ruban dans cet ourlet. On
plisse ou fronce tout le haut du tablier sur un
ruban de fil assez long pour faire le tour de la
ceinture et être noué par devant.

Tablier de valet de chambre.—On prend une toile
de 1 mètre 20 centimètres de largeur, et on coupe

une longueur de 1 mètre 50 centimètres pour faire un grand tablier, ou 1 mètre 20 centimètres pour faire un tablier ordinaire.

Supposons que vous ayez coupé 1 mètre 20 centimètres en longueur pour un tablier ordinaire : vous pliez la toile en deux sur sa longueur et vous faites une levée en échancrure sur la largeur, de 20 centimètres environ, à partir des lisières et allant en diminuant jusqu'au pli de l'étoffe. Vous avez ainsi, en dépliant l'étoffe, une pointe ou bavette qui forme le haut du tablier ; puis, il vous reste deux levées de toile en forme de pointes, ayant chacune 60 centimètres de hauteur. Vous coupez chaque pointe par la moitié. Vous assemblez et cousez les morceaux semblables, par les plus grands côtés, à points de couture rabattue. Le plus grand morceau servira à faire la poche, et la pointe servira à doubler, à point de côté, celle que vous avez faite au haut du tablier, en coupant la levée. Cette doublure fortifiera une boutonnière qu'on fait au haut de ladite pointe, dans laquelle le valet de chambre fait entrer un des boutons de son gilet ou de son habit. On coud la poche au tablier, par devant, comme les poches d'un tablier de femme de chambre, et vers le milieu de sa longueur. On ourle tout le haut et le bas du tablier, auquel on attache, sur les côtés, deux rubans de fil qu'on noue sur le devant de la ceinture.

Tablier de cuisinier.—Il faut prendre une toile de 1 mètre ou 1 mètre 20 centimètres de largeur ; on en mesure 14 mètres 40 centimètres pour douze tabliers, y compris 1 mètre 20 centimètres qu'on lève sur le tout pour faire les poches des douze tabliers. Ces tabliers n'ont point de bavette ; on plisse le haut sur un ruban de fil dont les bouts se nouent sur le devant de la ceinture. Ces tabliers sont ouverts par derrière ; on met la poche vers le milieu du devant.

Linge de table.—Les serviettes et les nappes varient beaucoup, soit par la largeur, soit par la longueur ; du reste, elles se vendent toutes mesurées et bien souvent coupées ; il ne reste plus qu'à les ourler.

Linge pour l'enfant, la jeune fille et la femme.

Chemise de brassière (ancienne) (planche 4, fig. 1). —Elle se fait en toile de 1 mètre de largeur, sur une longueur de 50 centimètres au moins. On prend le corps et une manche sur l'un des côtés, dans la largeur ; on met l'ouverture de la brassière par derrière. Il faut 4 mètres 65 centimètres pour douze chemises.

Si l'on voulait des chemises plus grandes de deux doigts, et plus larges d'autant, on prendrait une toile de 90 centimètres ; il en faudrait alors 5 mètres 40 centimètres pour douze chemises.

La figure 1, planche 4, représente le devant de la chemise de brassière toute coupée et montée ; *aa* sont les fentes auxquelles on coudra les manches, dont les extrémités sont relevées et garnies de dentelles ; *b* est la fente en biais de l'échancrure du devant. Cette espèce de chemise doit être ouverte par derrière, comme on le voit dans la figure ; on la ferme sur le dos de l'enfant en mettant un côté sur l'autre et les attachant avec des épingles.

Chemise de brassière (patron moderne), représentée par les figures 2 A et 2 B, planche 4.

Bonnet de premier âge (18 mois), ancien modèle (planche 5, fig. 1 et 1 A).—On en fait ainsi cinq dans la largeur d'une toile de 90 centimètres, et dix dans la longueur de 70 centimètres. On taille, pour ainsi dire, tous les dix bonnets ensemble, l'un sur l'autre ; pour cet effet, on plie la largeur de la toile en cinq parties égales, et la longueur en quatre ; on coupe en rond ce qui doit faire le haut de derrière de la tête, de manière que la couture se trouve toujours sur le derrière du bonnet. La fig. 1 représente le bonnet déployé pour faire voir la double échancrure du haut de la tête.

Pour monter le bonnet, on fait autour du devant, en dedans, un pli ou faux ourlet. On fait un seul pli de chaque côté, vers les joues, et on garnit tout le devant avec de la dentelle (fig. 2 A, planche 5). On attache au bas du bonnet, d'un côté, un petit ruban de fil qu'on fait passer sous le menton de l'enfant et qu'on arrête, de l'autre côté, avec une épingle fine.

Bonnet du deuxième âge (2 ans), même patron. —On en taille quatre dans la largeur de la même toile, et douze dans la longueur de 1 mètre 10 centimètres : il reste une levée.

Bonnet du troisième âge (5 ans), même patron.— On en prend quatre dans la largeur, et douze dans la longueur de 1 mètre 24 centimètres, plus une levée.

Toutefois, le patron fig. 2 A, qui nous a été fourni par une lingère très-renommée de la capitale[1],

[1] Madame Payan, rue Vivienne.

nous semble .plus gracieux, quoique plus coûteux, pour la coupe et la façon.

Chemise d'enfant du deuxième âge (3 ans) ancienne (voir la forme planche 5, fig. 5).—Il faut prendre de la toile de 90 centimètres de largeur. L'on mesure trois corps dans la largeur, et chaque corps aura 60 centimètres de hauteur; on coupe trois paires de pointes dans la même largeur, qui auront chacune 40 centimètres de longueur, et monteront, en faisant la pointe, jusqu'au gousset. On fait trois manches dans la largeur, et trois paires de manches sur une longueur de 30 centimètres.

Ainsi, on emploie en tout 4 mètres 40 centimètres pour faire six chemises.

L'on fend le haut du derrière de cette chemise, comme une chemise brassière, de 15 centimètres environ.

Chemise du troisième âge (5 ans) [1]. — L'on fera deux corps dans la largeur d'une toile de 80 centimètres de largeur, et trois paires de pointes dans la même largeur; le corps aura 75 centimètres de hauteur, les pointes ne doivent monter qu'à 15 centimètres du gousset. L'on prendra 30 centimètres de toile pour faire deux paires de manches. Ces manches seront plissées en dessus.

Chemise du quatrième âge (de 5 à 7 ans). — L'on emploie une toile de 80 centimètres de largeur : on en fera deux. corps dans la largeur, et deux paires

---

[1] Jusqu'à l'âge de cinq ans, les filles et les garçons portent les mêmes chemises ; mais, à compter de cet âge, on donne aux garçons leur première culotte, et on fait leurs chemises comme celles d'homme : les filles continuent de porter la même chemise, dont on augmente seulement les dimensions.

de pointes dans la même largeur. Les corps auront 80 centimètres de longueur, et les pointes 60 centimètres. L'on prendra 40 centimètres pour les manches, qui seront alors plissées. En tout 7 mètres 30 centimètres pour six chemises.

Chemise d'enfant (moderne) (pl. 5, fig. 4 A et 4 B.)

Le haut du derrière est ouvert en C ; on coupera la chemise sur une toile de 80 cent. de largeur, pliée en double dans sa largeur. Les quatre levées de toile que vous retirerez en formant les deux côtés obliques vous serviront à faire d'autres objets de lingerie.

Quant à la forme et à la coupe des manches, on peut les faire de deux manières différentes : 1° sans couper l'emmanchure en A, comme le dessin 4 A l'indique, et 3° en coupant et évidant un peu obliquement la manche du haut en B, comme la figure 4 B le représente.

Dans le premier cas, l'on assemble tout simplement les manches avec une *couture rabattue* en suivant les contours indiqués par les lignes brisées.

Dans le second cas, on replie les deux bords B (les remplis en dedans de la chemise), on coud les deux plis à point de surjet et l'on attache ensuite les remplis en dedans avec une couture rabattue. On comprend aisément que, dans ce dernier cas les manches froncent un peu en D ; mais l'on dissimule les fronces, autant que possible, en faisant un ou deux plis qu'on fixe en *point-arrière*. Les dessus des manches obliquent un peu, comme la fig. 4 B le fait comprendre ; la chemise enveloppe mieux les épaules, et fait moins de plis qui blessent toujours l'enfant.

N° 5. Autre patron de chemise d'enfant (de 5 ans), ayant 55 centimètres de hauteur, y compris l'ourlet à faire en bas. Le dessous des bras est arrondi, et cousu à point de couture rabattue. On taille cette chemise dans une toile de chanvre ou de coton, de 80 centimètres de largeur, après l'avoir pliée en deux dans sa largeur.

Il reste quatre levées séparées, de 20 centimètres chacune, qu'on utilise au besoin. Ces deux dernières chemises sont certainement plus économiques et plus faciles à faire que les premières, parce qu'on emploie moins de temps et de fatigue à couper, à assembler et à coudre les pièces qui sont au nombre de deux seulement ; mais il faut avouer aussi qu'on fait des levées d'étoffe qu'on n'utilise pas immédiatement, et c'est là l'inconvénient à éviter.

Chemise pour une jeune fille de 7 à 8 ans. — Vous taillez deux côtés dans la largeur d'une toile de 90 centimètres, deux paires de pointes dans la même largeur, deux paires de manches sur une longueur de 45 centimètres. Les côtés auront 90 centimètres de hauteur, et les pointes 60 centimètres.

Vous emploierez ainsi 8 mètres 80 centimètres pour faire ces six chemises.

Pour faire six chemises de la même façon, à l'usage d'une jeune fille de 8 à 10 ans, en augmentant les dimensions, il faut prendre 9 mètres 90 centimètres.

Pour six chemises à l'usage d'une jeune fille de 10 à 12 ans, il faut prendre 11 mètres et demi.

Pour celle de 12 à 14 ans, 13 mètres.

Première chemise de femme à la française (pl. 6, fig. 1). — Il faut prendre une toile de 80 ou même de 90 centimètres de largeur ; on coupera 2 mètres 40 centimètres de longueur pour faire le corps ; on pliera ensuite cette longueur en deux parties égales, ce qui donnera une longueur de 1 mètre 20 centimètres pour le corps de la chemise ; on lèvera en haut deux petites pointes égales pour les mettre en bas, observant que le haut de la chemise ait toujours 60 centimètres de largeur. Pour faire les manches, on emploiera la même largeur de toile ; si elles sont plissées en dessus, on en prendra 2 mètres 40 centimètres pour six paires, en prenant dans la largeur de la toile une manche entière et la moitié d'une seconde. En tout 16 mètres 80 centimètres.

Toutes les chemises de femmes ont une échancrure au haut du devant de la chemise, plus ou moins profonde. Cette échancrure est ordinairement de 16 centimètres de profondeur sur 45 centimètres de longueur d'une épaule à l'autre, comme on le voit fig. 1 à 6, et la levée sert à faire les deux goussets.

Deuxième chemise (façon anglaise) (pl. 7, fig. 2). —Cette façon ne convient qu'aux personnes maigres. On emploie de la toile de 80 centimètres, même longueur pour le corps que la précédente, même largeur en haut ; mais il ne faut lever en haut qu'une pointe de 20 centimètres de largeur ; on la coupera, d'un côté seulement, sur une longueur de 30 centimètres, qui formera l'entournure de l'épaule ; puis, à partir de la longueur coupée, vous taillez tout de suite la pointe, l'étroit en bas, comme le trait noir l'indique, et vous la joignez, l'étroit en haut, au côté opposé, sur lequel vous n'avez rien coupé.

En outre, vous prenez 1 mètre 20 centimètres pour faire trois paires de manches, les trois autres étant faites avec les 30 centimètres levés en haut du corps des six chemises. Vous emploierez ainsi 15 mètres 60 centimètres, c'est-à-dire 1 mètre 20 centimètres de moins, ou 20 centimètres de moins par chemise.

Chemise de femme à la façon anglaise (planche 8, fig. 3). — L'on prend de la toile de 90 centimètres de largeur, et l'on coupe ordinairement 2 mètres 40 centimètres de longueur pour faire le corps, en pliant la toile dans sa largeur. L'on prend, en outre, 1 mètre de longueur pour trois paires de pointes, dans la largeur de la toile. On lève ensuite, sur toute la largeur du corps de la chemise, une bande de 20 centimètres de largeur, qui sert à faire deux paires de manches et deux paires de goussets. On emploie ainsi 16 mètres 40 centimètres de toile, et il reste trois bandes ou *levées* de toile de 20 centimètres de largeur et 8 mètres 20 centimètres de longueur. Ces bandes servent à renouveler les manches et les goussets lorsqu'ils sont usés.

Quelquefois, pour donner une rondeur plus uniforme au bas de la chemise, afin qu'elle ne tombe pas en pointe sur les côtés, on ajoute deux petites pointes ; on coupe ces pointes sur une longueur de toile de 45 centimètres, et on prend dans la demi-largeur de la toile 12 pointes ayant chacune plus de 7 centimètres à la base. La levée qui reste sert à faire douze autres pointes pour six autres chemises.

Les grandes pointes doivent être cousues à 20 centimètres au-dessous du haut de l'épaulette, à point de couture rabattue. Si l'on plisse les manches, on y ajoute un petit poignet que l'on pique en arrière-point, ou que l'on coud avec *une couture rabattue*. Si on les veut plates, on ourle seulement les extrémités. Si on les veut plates et garnies (pl. 10, fig. 5 A,), on coudra la garniture à point de surjet.

Moyen économique d'allonger de 16 centimètres une chemise de femme, sans qu'il y paraisse (façon française ou anglaise). — Vous décousez les manches, et vous coupez les épaulettes en travers, au niveau de l'échancrure du devant; elles ne tiendront plus alors qu'au derrière de la chemise.

Vous taillez un morceau de toile de la même qualité que celle de la chemise, ayant 16 centimètres de hauteur dans le sens des fils de la chaîne et de la largeur du haut du devant de la chemise, à l'endroit coupé. Vous cousez chaque morceau de toile sur l'endroit coupé à point de couture rabattue.

Vous cousez la coupure faite dans les épaulettes avec ledit morceau ou allonge, au milieu duquel vous ferez la petite échancrure du derrière, entre les deux épaules. Vous recoudrez les manches.

A l'aide de ce moyen, la chemise sera allongée de 16 centimètres, et le derrière sera maintenant le devant; il y aura une couture à chaque épaulette et une au dos; le commencement des pointes se trouvera de 16 centimètres plus bas.

Nouveaux patrons de chemises de femme (voir planche 56, fig. 4 A, 5 A et 6 A. Planches 9, 10 et 11). — L'inspection des dessins (fig. 4 A, 5 A et 6 A) suffit certainement pour indiquer la manière de couper, tailler, coudre et garnir les chemises. Elles ont, d'ailleurs, la même longueur et la même largeur que celles que nous avons décrites précédemment. Nous n'aurons donc rien a ajouter de mieux et de nouveau à toutes les explications que nous avons déjà données en parlant des points de couture, de la coupe et des façons de chemises de femme. Il suffit de se les rappeler.

Peignoirs de toilette. — Il se fait deux sortes de peignoirs : le peignoir à manches rapportées et le *peignoir en pagode* (ancienne mode).

Pour la mesure du premier, l'on choisit une toile de 90 centimètres de largeur, et l'on mesure et coupe trois lés, chacun de 90 centimètres de longueur. L'on coupe un lé par le milieu, du haut en bas, ce qui donne deux demi-lés qui sont destinés à former le devant du peignoir, qui doit être ouvert. Il faut prendre, en outre, 120 centimètres de la même toile pour faire les deux manches, sur le côté desquelles on lèvera le col. L'on emploie en tout 3 mètres 60 centimètres par peignoir.

Pour la façon de ce peignoir, on coud toutes les lisières ensemble avec des points de surjet, on ourle tout le bas, on plisse et on coud tout le haut à *point-devant,* comme nous l'avons dit en parlant du *tablier de toilette;* mais les plis doivent être plus petits et proportionnés à la grosseur du col de la personne qui doit s'en servir. Puis, on coud le col de la même toile à point de côté, en faisant un point à chaque pli en dehors ; et, pliant le col en deux sur sa longueur, on coud de même ce redoublement en dedans, pli à pli, ou bien de deux en deux plis, comme le poignet d'une chemise d'homme. Si l'on veut placer une coulisse dans le col, on ourle les bords des extrémités du col et l'on passe un ruban au travers, autrement on les surjette pour coudre le ruban par dessus.

Pour poser les manches, on les coud d'abord, et on les rassemble aux ouvertures qu'on a laissées, au-dessous des épaules, en cousant les deux demi-lés de devant. On plisse chaque manche à mesure qu'on la coud à l'ouverture. La largeur de chaque pli doit être environ un doigt, et on les place les uns sur les autres à moitié de leur largeur.

Pour faire le peignoir en pagode.— On prend la même mesure de toile que pour le précédent, excepté qu'on n'y ajoute pas de manches à part. Ainsi, pour former la manche, vous commencez par assembler le bas, vous cousez les deux lés du devant avec le lé entier du derrière, vous arrêtez cette couture à 40 centimètres environ en montant, ce qui va ordinairement au niveau du coude, vous laissez un espace libre de 40 centimètres sans coudre, et vous reprenez ensuite la couture ; mais à celle-ci, au lieu de coudre le lé entier sur sa longueur avec le demi-lé, vous rapportez et assemblez une portion du haut de la largeur dudit lé entier, avec ce qui doit rester de la longueur du demi-lé, l'ouverture de la manche étant épargnée. Vous concevez : 1° que le lé entier et le demi-lé sont cousus en bas, tous deux à 40 centimètres sur leur longueur; 2° que la couture d'en haut occupe une portion du lé entier sur la largeur, cousu avec le haut de la longueur du demi-lé. Cette manière occasionne nécessairement une poche ou portion lâche de la toile du lé entier, à l'endroit du tiers du milieu non cousu, ce qui formera *la pagode,* autrement l'espèce de manche au travers de laquelle passera le bras tout habillé; on finira par plisser le haut de ce peignoir comme le précédent.

La figure 7 de la planche 12 fait bien comprendre la manière de faire le *peignoir en pagode.* AA sont les deux lés de derrière; BB, les deux demi-lés de devant; C l'ouverture de la manche droite.

Garniture.—Si l'on garnit le peignoir en entier, il faut prendre 60 centimètres de mousseline d'une largeur de 90 centimètres; l'on partage cette mesure en huit bandes, ce qui donne une longueur de 7 mètres 20 centimètres; mais, si l'on ne garnit pas le bas du peignoir, il ne faut que 50 centimètres de mousseline, ou 4 mètres 50 centimètres de dentelle.

Pour monter la garniture, on commençait autrefois par plier la bande de mousseline en deux parties inégales, *qu'on nommait la grande et la petite tête,* l'on fronçait cette bande à point de surjet sur le pli formé par la grande et la petite bande. Aujourd'hui, *pour garnir un peignoir à bon marché,* on emploie principalement du tissu dit indéplissable, qu'on coupe par bandes d'une largeur variable; on le coud tout simplement aux bords du peignoir à point de surjet.

Pour les peignoirs plus riches, on emploie les festons brodés ou de la dentelle que l'on fronce et que l'on coud à point de surjet ; mais, pour économiser la garniture, les dames très-économes couchent leurs festons ou la dentelle à plat ; le peignoir, dans ce cas, est tout aussi gracieux, quoique moins étoffé et moins coûteux.

Linge pour l'autel.

Les trois nappes d'autel ;
Les deux nappes de crédence ;
La toile de la pale ;
Le corporal ;
L'essuie-doigts ou lavabo ;
Le purificatoire ;
La nappe de communion ;
Linge pour l'ecclésiastique.—Le rabat, l'aube, l'amict, le surplis, le tour d'étole, le rochet, les manchettes de soutane.

Les nappes d'autel servent à couvrir entièrement la table ou dessus d'autel ; elles se font généralement avec de la toile de lin ; elles sont au nombre de trois, deux grandes et une petite ; la mesure de chaque nappe est déterminée par les dimensions en longueur et en largeur du dessus d'autel lui-même. Il faut les connaître d'avance avant de rien couper. Voici comment on les dispose : la plus petite, qui est placée la première sur l'autel, doit couvrir la pierre bénite ; la plus grande, qui est mise par dessus, doit couvrir toute la table, elle doit déborder par devant et pendre sur les côtés ; la troisième, qui est placée sur la grande, doit couvrir tout le dessus de l'autel sans déborder les extrémités. Ces trois nappes sont seulement ourlées.

Les *nappes de crédence*, en toile de lin, sont au nombre de deux ; elles sont destinées à couvrir les deux crédences, petites tables ou consoles posées de chaque côté de l'autel ; elles se mesurent et se coupent d'après les dimensions de la table, comme les nappes d'autel.

L'*essuie-doigts* ou *lavabo* sert à essuyer les doigts des prêtres après le *lavabo* de la messe ; il sert aussi, lorsqu'il est plié en long, à couvrir les deux burettes ; il se fait en toile de lin, ayant une mesure de 40 centimètres de largeur sur 60 centimètres de longueur.

Le *corporal* est un linge qui s'étend à plat sur le milieu de l'autel pour poser le calice dessus ; il se fait en toile batiste, et sa mesure est de 60 centimètres en carré.

La *pale* sert à couvrir la patène lorsqu'elle est posée sur le calice ; elle est composée d'un carton coupé en carré de 20 centimètres et renfermé dans une espèce de sac en toile. Ce sac se fait en batiste de 40 centimètres de longueur sur 20 centimètres de largeur, et quelques millimètres en plus pour faire les ourlets. On coud la batiste après l'avoir pliée en double dans le sens de sa longueur, et en laissant un côté ouvert pour y faire entrer le carton. Le côté ouvert est seulement ourlé.

Les *nappes de communion* se font avec de la toile de 60 centimètres de largeur et sur une longueur variable à volonté ; on les ourle aux deux bouts. Pour les nappes qui sont destinées pour les églises où l'autel de la communion est entouré d'une balustrade, on y coud sur l'une des lisières, de distance en distance, des rubans de fil pliés en double; ces rubans servent à attacher la nappe à la balustrade. Quand il n'y a pas de balustrade pour accrocher la nappe, ce sont les enfants de chœur ou des clercs qui la soutiennent par les deux bouts. On se sert aussi d'une petite serviette ordinaire, d'un mouchoir blanc, ou d'un voile de calice, que chaque communiant se passe de l'un à l'autre.

L'*aube* est une espèce de chemise d'homme qui se met immédiatement sur la soutane du prêtre ; elle se fait en deux ou quatre lés de batiste ou de mousseline ; elle a pour l'ordinaire 1 mètre et demi de longueur ; les manches se font toujours en *amadis*[1], d'une longueur de 60 centimètres et plus, selon la grandeur de l'ecclésiastique qui doit la porter. Le haut des deux lés de devant doit être échancré de deux doigts en forme d'ovale, comme le haut d'une chemise de femme, mais beaucoup moins, et suffisamment pour passer la tête (planches 9, 10 et 11, fig. 1 à 3). L'on plisse le haut du corps de l'aube); on le coud avec un collet de 12 à 15 centimètres, comme un peignoir en *pagode*. On fait un grand ourlet au bas de l'aube.

Le *surplis* est porté par les prêtres non officiants, par dessus leur soutane, lorsqu'ils chantent l'office ou qu'ils prêchent[2]. Le corps du surplis est fait or-

---

[1] On donne ce nom à une sorte de manche ou d'autre vêtement qui s'applique exactement sur le bras sans bouffer ni faire de plis.

[2] Les chanoines, dans leur origine, portaient une soutane en peau qu'ils nommaient *pellicum* ; et lorsqu'ils mettaient par dessus ce

dinairement de quatre lés de batiste ou de mousseline, de 1 mètre de longueur chacun. Le haut du
devant du corps est plissé, cousu et échancré
comme l'aube, mais on y ajoute deux ailes ou manches qui pendent en bas. Chaque manche est faite
avec un lé de batiste de 1 mètre 50 centimètres de
longueur ; on le plie en deux dans sa longueur, de
manière que l'un des doubles, celui qui forme le
dessus de la manche[1], dépasse l'autre de 3 centimètres environ.

Les lés qui forment le derrière et le devant du surplis sont cousus à point de surjet sur les lisières, mais
les deux lés de chaque côté doivent rester ouverts
depuis le dessous des bras, à peu près 20 centimètres au-dessous de l'épaulette, jusqu'aux deux tiers
du corps du surplis, afin de pouvoir y passer les
bras. Ces deux ouvertures prennent le nom de
poches, et cela est dit seulement parce que le prêtre
peut y passer les bras pour fouiller dans la poche
de sa soutane. En plissant le corps du surplis pour
faire le tour du col, on doit laisser un espace non
plissé de 13 à 15 centimètres de chaque côté. On y
coud deux épaulettes de la même longueur.

Sur l'espace de 20 centimètres, laissé au-dessus
des ouvertures ou *poches,* on plisse et coud les deux
manches, le côté le plus étroit par devant et le plus
large par derrière. On couvre tous ces plis et ceux
du col d'une toile façonnée en poignet de 15 millimètres de largeur. On fait un grand ourlet de

vêtement de toile, ils l'appelaient *superpellicum*, d'où est venu
en français le mot *surpelis* ou *surplis.*

[1] On dit improprement *manche,* puisque les deux doubles doivent rester ouverts de haut en bas.

5 centimètres de largeur autour du bras du corps du surplis et des manches.

Le *rochet* est porté principalement par les évêques ; il se fait en batiste. C'est un corps de surplis qui n'a point de manches. Le rochet à la romaine a des manches en amadis comme l'aube.

L'*amict* est une espèce de mouchoir carré que le prêtre met sur son col en s'habillant pour la messe. Il se fait avec de la toile fine, sur 80 centimètres en carré. L'on attache aux deux coins, sur le même côté, deux cordons que le prêtre croise sur sa poitrine et noue ensuite sur ses reins.

Le *tour d'étole* est un linge qu'on bâtit à l'endroit où l'étole tourne autour du col ; il a 10 centimètres de largeur et 60 centimètres de longueur.

Le *rabat ecclésiastique*, qu'on nomme aussi *petit collet*, est une marque distinctive de tout abbé, non-seulement dans l'église, mais encore dans les villes. On l'appelle *petit collet* pour le distinguer du grand rabat plissé que les magistrats ne doivent porter qu'avec les robes de palais.

Le *petit rabat* se fait de gaze noire ; les deux devants ou pointes tombantes sont bordés avec des ourlets en toile, de 5 millimètres de largeur, rapportés et cousus avec la gaze. Le haut du tour du rabat est bordé aussi d'une toile de 5 centimètres de largeur, qu'on replie sur le petit collet de la soutane et qu'on y attache avec des épingles.

On fait de 4 à 5 douzaines de petits rabats dans 1 mètre 20 centimètres de gaze.

Le *rabat de palais* est fait avec de la batiste plissée, ou mieux avec de la toile indéplissable ; chaque devant ou branche a 18 centimètres de longueur environ sur 8 centimètres de largeur; on ourle le bas et les côtés, et on fait une coulisse dans le haut, on y passe un cordon dont on tourne les deux bouts autour du col et qu'on noue ensuite par-dessous.

FIN.

TABLE.

Art de la Lingère.   5

Outils et Fournitures de Lingère.   5

Toiles.   6

Des points de couture en usage dans la Lingerie ; de la Couture des dentelles ; de la marque du Linge.   7

Mesure ou coupe d'un vêtement ou de tout autre objet de Lingerie.   11

Linge pour l'enfant, la jeune fille et la femme.   15

Linge pour l'autel.   26

FIN DE LA TABLE.

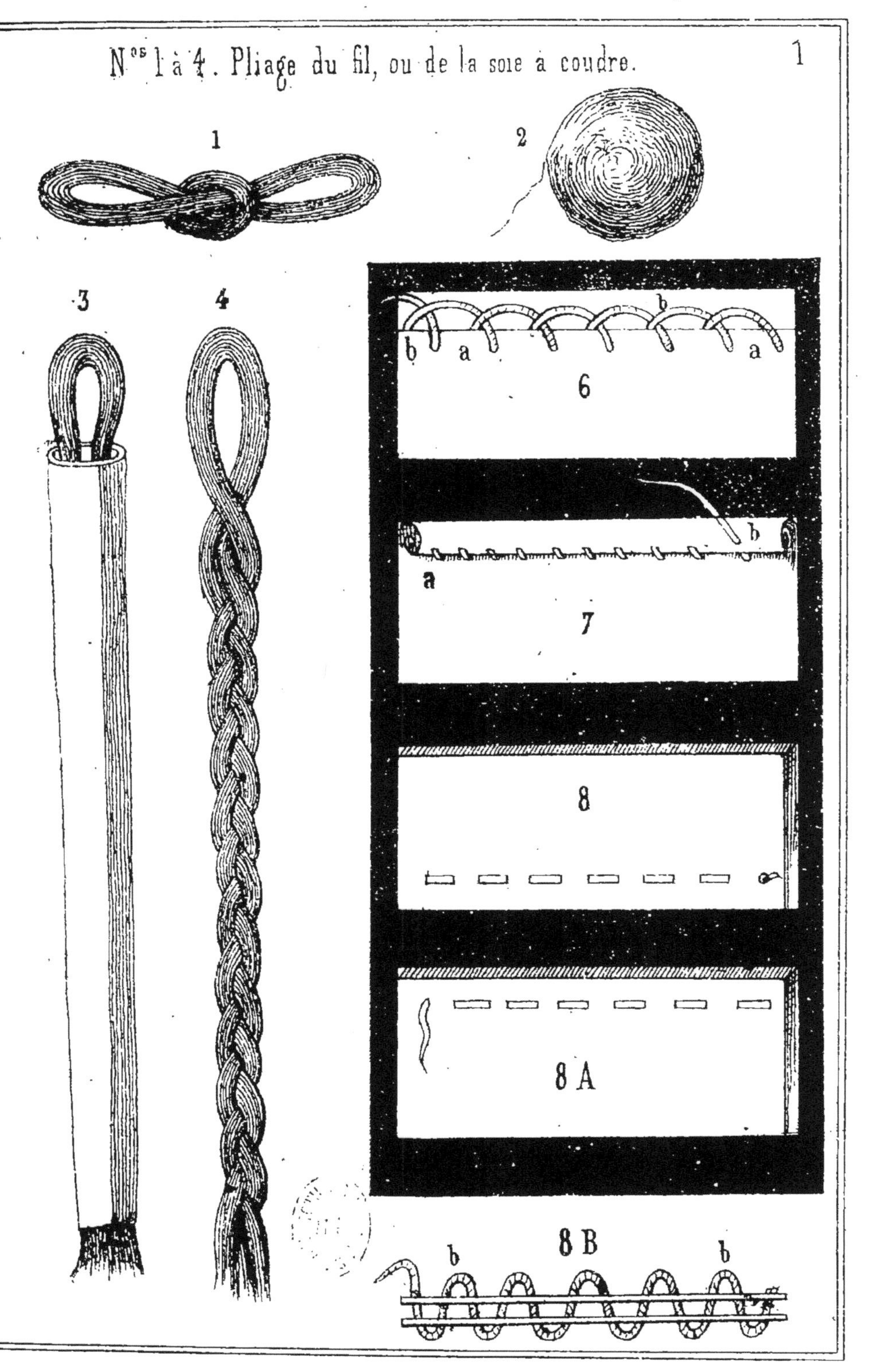

Nos 1 à 4. Pliage du fil, ou de la soie à coudre.
1
2
3
4
6
b
b a a
7
a
b
8
8 A
8 B
b b

2 bis

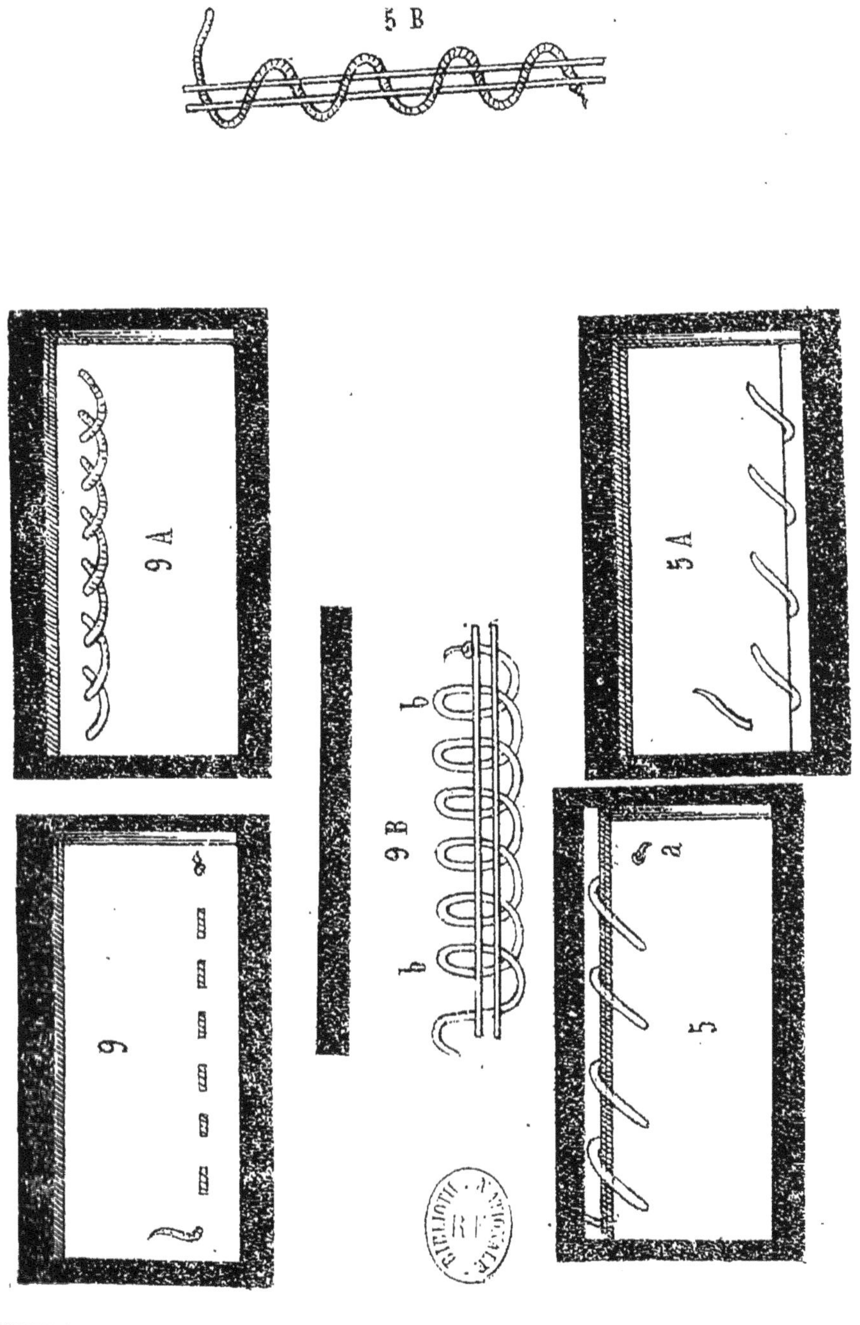

5 B

5 A

9 A

9 B

9

5

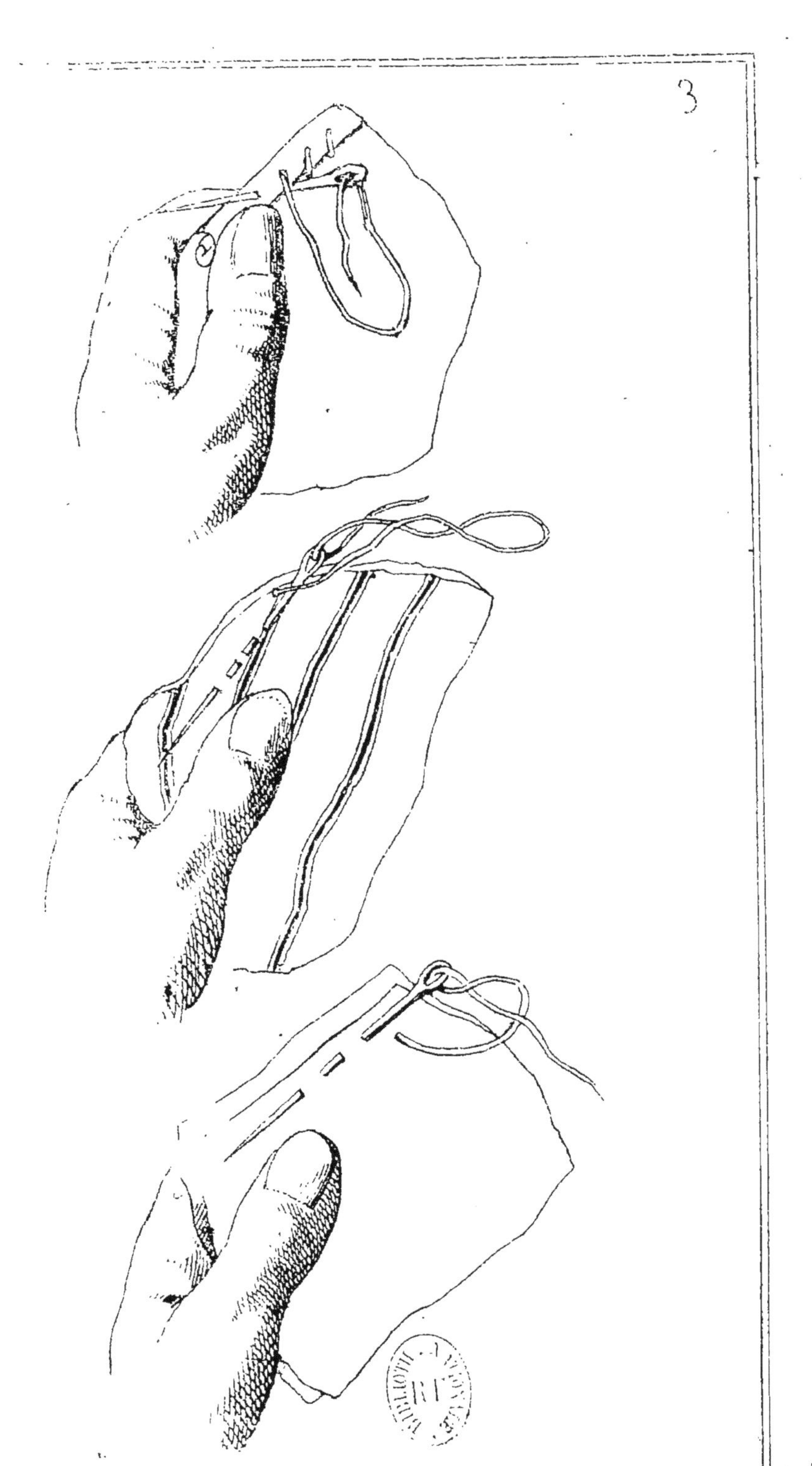

BRASSIÈRE.
(patron économique.)

DEVANT de la BRASSIÈRE.

DERRIÈRE de la BRASSIÈRE.

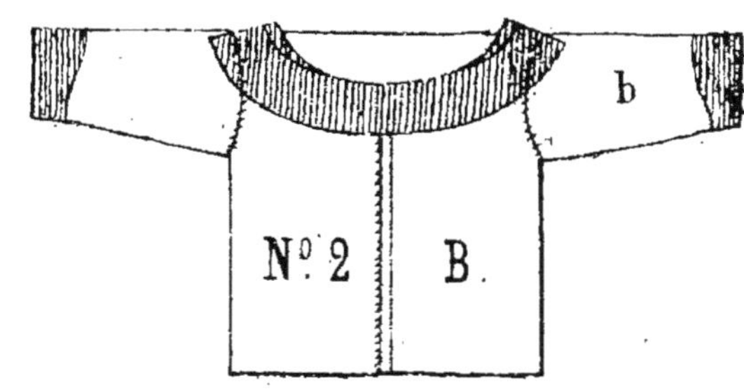

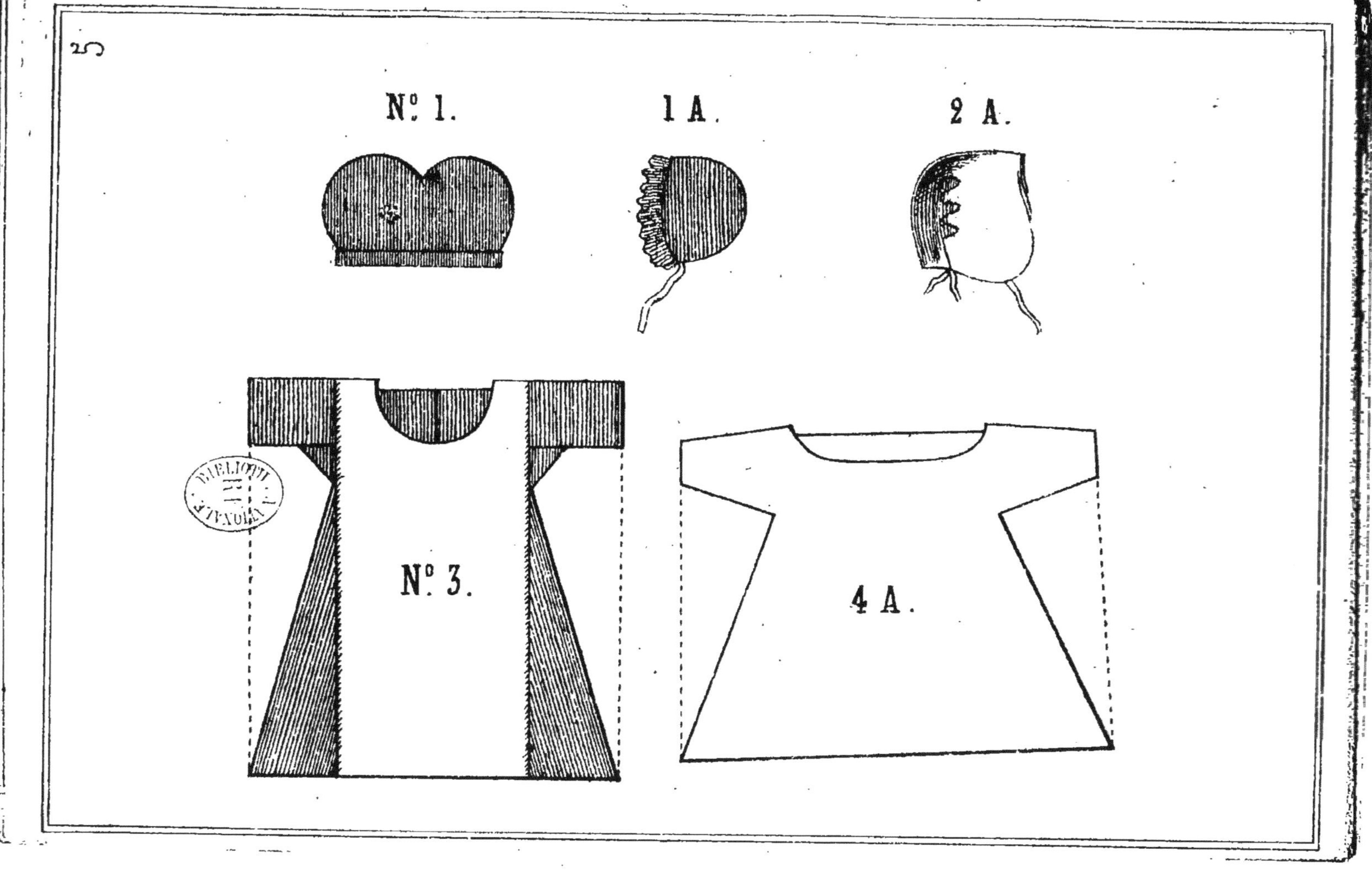

N°. 1.
1 A.
2 A.
N°. 3.
4 A.

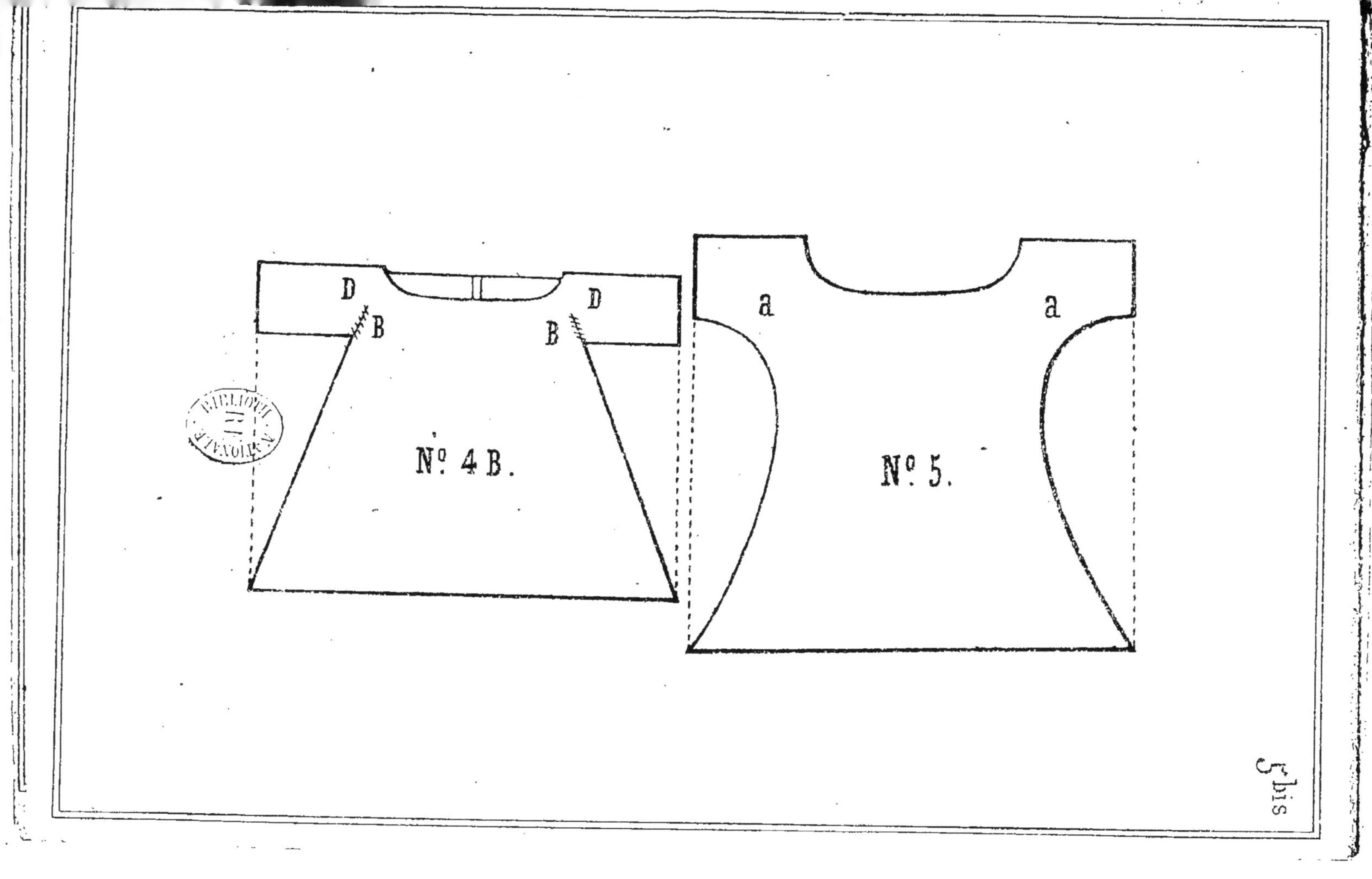

D
D
B
B
N° 4 B.
a
a
N° 5.
5 bis

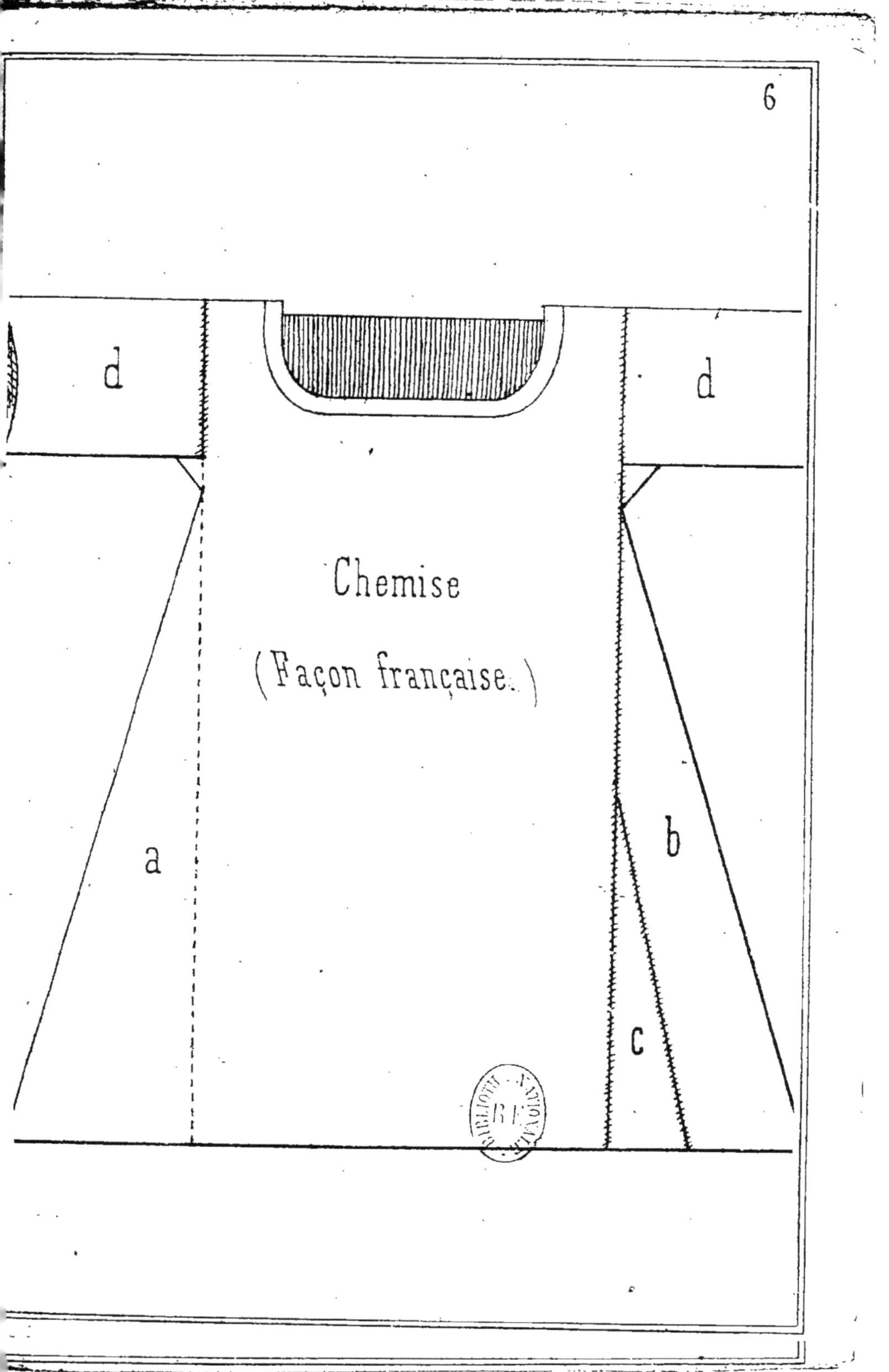

6
d
d
Chemise
(Façon française.)
a
b
c

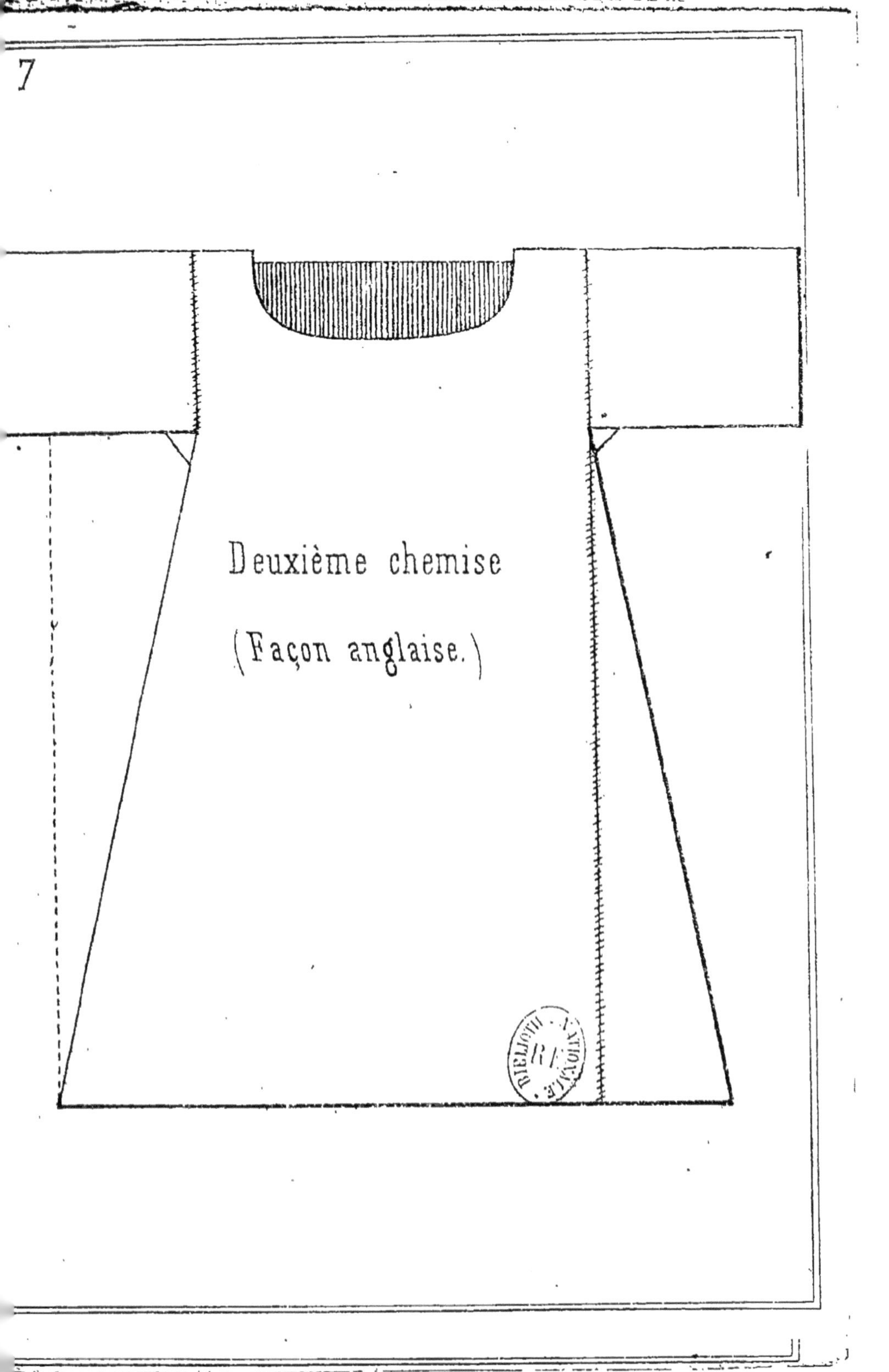
Deuxième chemise
(Façon anglaise.)

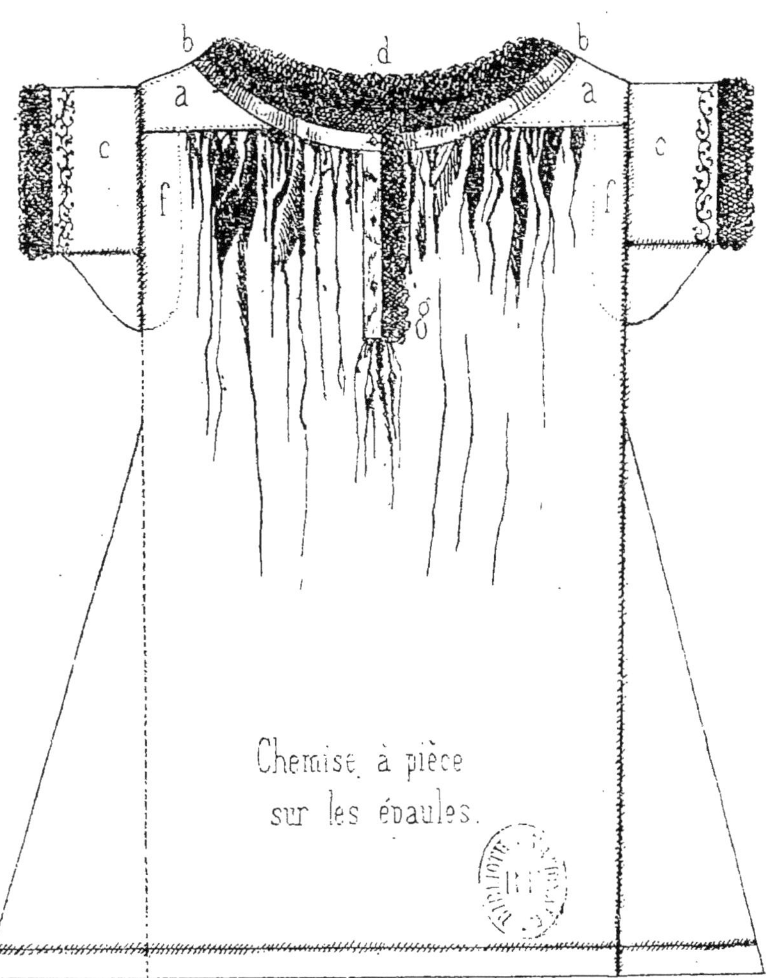

Chemise à pièce
sur les épaules.

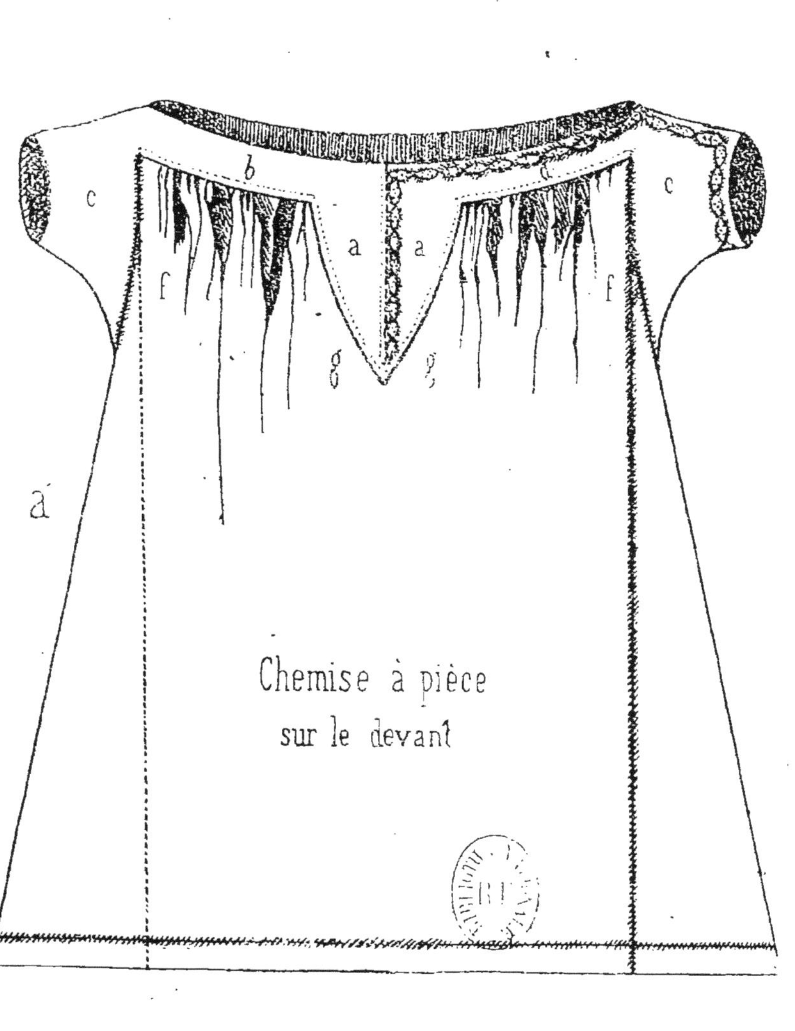
c
b
a
c
f
a
a
f
a
g
g
a
Chemise à pièce
sur le devant

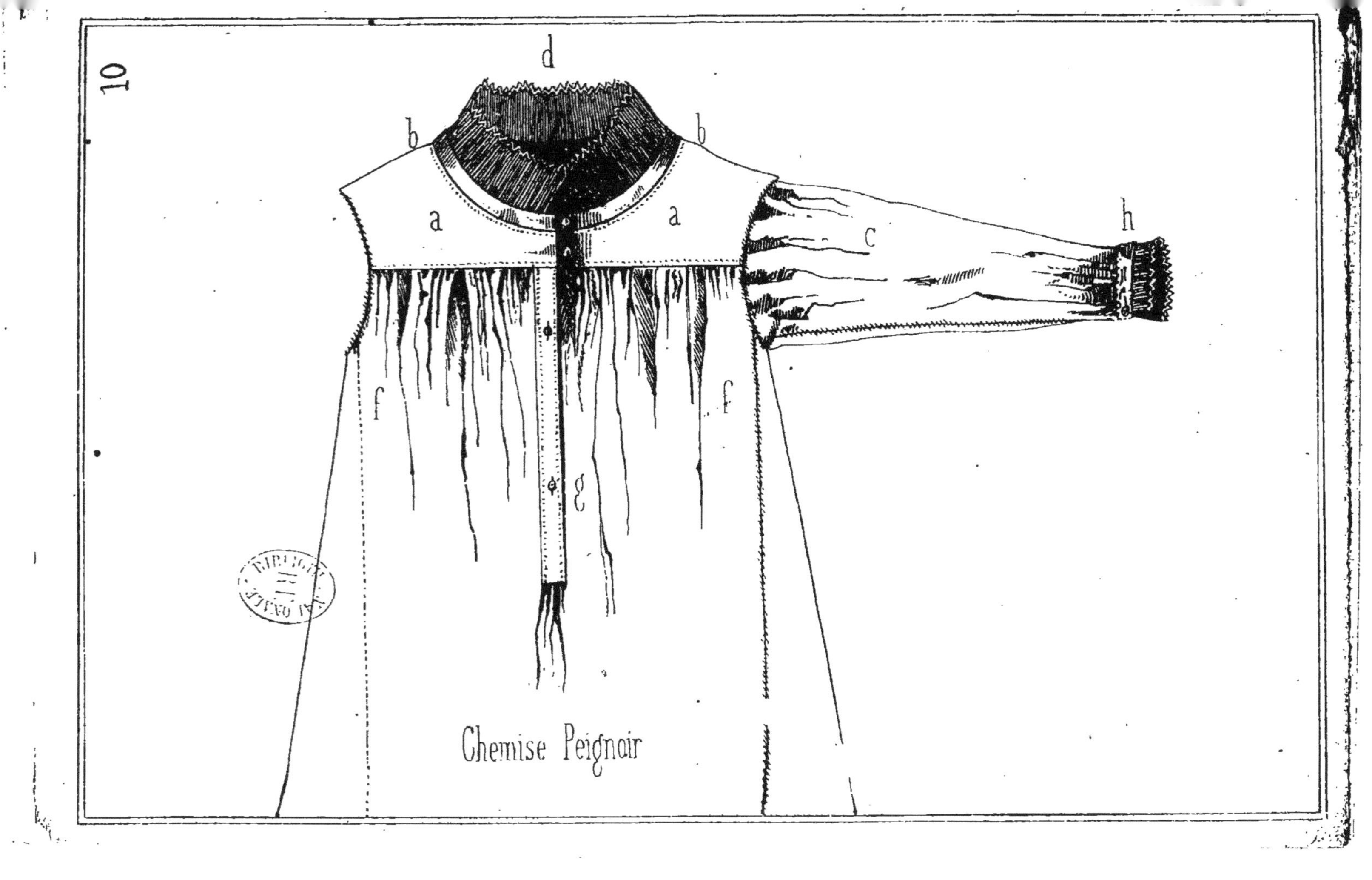

d
b
b
a
a
c
h
f
f
g
Chemise Peignoir

Peignoir - Pagode

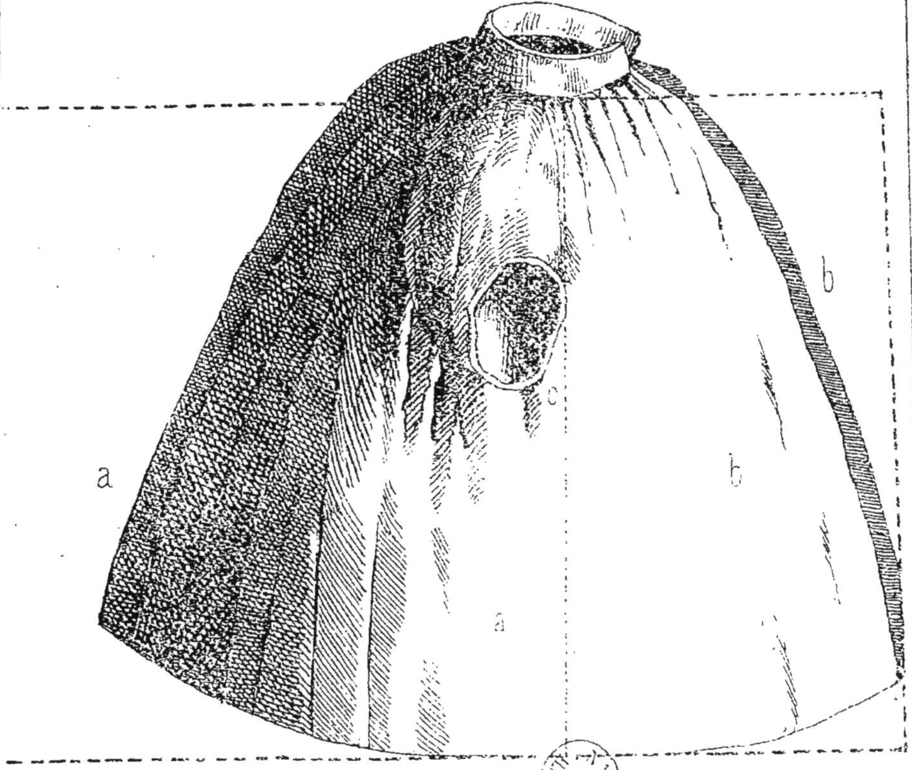

9 782014 447361